Animales salvajes

Clasificar y agrupar

Lisa Greathouse

Asesoras

Chandra C. Prough, M.S.Ed.
National Board Certified
Newport-Mesa
  Unified School District

Jodene Smith, M.A.
ABC Unified School District

Créditos

Dona Herweck Rice, *Gerente de redacción*
Robin Erickson, *Directora de diseño y producción*
Lee Aucoin, *Directora creativa*
Conni Medina, M.A.Ed., *Directora editorial*
Rosie Orozco-Robles, *Editora asociada de educación*
Neri Garcia, *Diseñador principal*
Stephanie Reid, *Editora de fotos*
Don Tran, *Diseñador*
Rachelle Cracchiolo, M.S.Ed., *Editora comercial*

Créditos de las imágenes

p.17 (bear) Justin Horrocks/iStockphoto; All other images: Shutterstock

Teacher Created Materials

5301 Oceanus Drive
Huntington Beach, CA 92649-1030
http://www.tcmpub.com

ISBN 978-1-4333-4403-9
© 2012 Teacher Created Materials, Inc.

Tabla de contenido

Ve los animales salvajes.

Clasifica los animales en grupos.

Los animales salvajes pueden ser **grandes** o **pequeños**.

grande

pequeño

Clasifica por grande o pequeño.

grande

pequeño

Los animales salvajes pueden ser de muchos colores.

gris

blanco

marrón

Clasifica por color.

gris

blanco

marrón

Los animales salvajes pueden tener patas o no patas.

patas

no patas

Clasifica por patas o no patas.

patas

no patas

Los animales salvajes pueden ser **rápidos** o **lentos**.

rápido

lento

Clasifica por rápido o lento.

rápido

lento

Clasifica los animales salvajes.

Clasifica los animales.
Algunos tienen patas.
Algunos no tienen patas.

Clasifica los animales. Las madres son grandes. Las crías son pequeñas.

¿De cuántas maneras puedes clasificar los animales?

Materiales
✓ imágenes de animales
✓ tijeras
✓ pegamento
✓ papel
✓ lápiz

1. Recorta las imágenes de seis animales.

2. Elige una manera de clasificarlas.

3. Pega tu clasificación en un papel.

4. Ponle un nombre a tu clasificación.

Glosario

clasificar—poner en grupos las cosas parecidas

grande—de gran tamaño

lento—que no se mueve velozmente

pequeño—de menor tamaño

rápido—que se mueve velozmente

¡Inténtalo!

Páginas 24–25:

Patas:

No Patas:

Páginas 26–27:

Madres:

Crías:

Resuelve el problema

Las respuestas pueden variar.